Inhaltsverzeichnis

Vorwort

Liebe Erzieher*innen,

Elefanten begegnen Kindern heute in sämtlichen Medien: in Hörspielen und Bilderbüchern ebenso wie in Filmen und im Fernsehen. Berühmte Elefanten wie „Benjamin Blümchen“ und „Der blaue Elefant“ aus der *Sendung mit der Maus* sind sogar noch vielen Erwachsenen aus ihrer Kindheit bekannt.

Tatsächlich sind Elefanten äußerst faszinierende Tiere – nicht nur für Kinder, sondern auch für uns Erwachsene. Sie beeindrucken uns mit ihrer enormen Körpergröße und ihren riesigen Ohren, besonders auch mit ihrer ganz einzigartigen Nase: dem Rüssel. Der Rüssel besteht aus vielen tausend Muskeln. Mit ihm können Elefanten nicht nur laut trompeten, sondern sie nutzen ihn auch für viele andere Tätigkeiten: Sie saugen mit dem Rüssel Wasser auf und lassen es in den Mund fließen, sie pflücken Äste, Blätter und Gras und pusten Sand und Wasser über ihren Körper. Wenn Elefanten große Flüsse durchqueren, tauchen sie manchmal mit dem ganzen Körper unter Wasser. Allein der Rüssel ragt dann noch heraus – wie ein Schnorchel!

In dieser Projektmappe tauchen die Kinder mit Spielen, Liedern, Basteleien, bunten Bildkarten und vielen Sachinformationen in die spannende Welt der Elefanten ein. Dabei lernen sie spielerisch den Körperbau, die Nahrung und die Lebensweise der grauen Riesen kennen. Eine kleine Expedition führt die Kinder nach Afrika, in die Heimat der Afrikanischen Elefanten. Dabei lernen sie nicht nur den Lebensraum Savanne, sondern auch Löwen, Zebras und andere Tiere kennen, die hier zu Hause sind.

Ein Highlight im Rahmen des Elefanten-Projektes wäre sicher ein Besuch mit den Kindern bei den „echten“ Elefanten in einem Zoo. Mancherorts ergibt sich vielleicht sogar die Gelegenheit, eine kleine Führung mit einer Tierpflegerin oder einem Tierpfleger zu buchen, die bzw. den die Kinder dann mit ihren Fragen über die Dickhäuter löchern können.

Ich wünsche Ihnen und den Kindern ein elefantenstarkes Projekt!

Teresa Zabori

Hinweis: Aus Gründen der besseren Lesbarkeit wird im Folgenden auf eine sprachliche Differenzierung der Geschlechterbezeichnungen verzichtet. Da die Erzieher*innen in Kindertagesstätten zumeist weiblich sind, haben wir uns hier für die weibliche Form entschieden. Selbstverständlich sind stets alle Geschlechter angesprochen.

Vorbemerkungen

Zu den verwendeten Symbolen

Hauptkategorien:

Törööö! Willkommen bei den Elefanten!

So sieht ein Elefant aus

Die Heimat der Elefanten

Die Elefantenfamilie

Die Nahrung der Elefanten

Bildungsbereiche:

 Sprachliche Bildung

 Gesundheit und Ernährung

 Musikalische Bildung

 Mathematische Bildung

 Ästhetische Erziehung

 Wahrnehmung und Entspannung

 Umwelt-, Sach- und Naturbegegnung

 Körpererfahrung und Bewegung

 Sozialerfahrungen

Tipps und Anregungen zu den Angeboten

Die einzelnen Angebote sind nicht nach Bildungsbereichen, sondern nach Themen sortiert. Die farbigen Bildkarten in der Heftmitte können bei verschiedenen Angeboten zum Einsatz kommen.

Einrichten einer Elefantenecke

Begleitend zu dem Projekt können Sie eine kleine „Elefantenecke“ im Gruppenraum einrichten, zum Beispiel mit Elefantenpostern, Kuscheltieren, Spielfiguren und Bilder- und Sachbüchern über Elefanten. Hierhin können sich die Kinder immer wieder zwischendurch einmal zurückziehen, um zu spielen und sich die Bücher anzuschauen.

Elefantenmappen

Dieses Kurzprojekt enthält Arbeitsblätter. Die Kinder können diese in einer Elefantenmappe sammeln. Das ist nicht nur eine anschauliche Dokumentation für die Eltern, sondern auch eine schöne Erinnerung für die Kinder an das Elefantenprojekt.

Zu „Was passt zusammen?“, S. 12:

Mit diesem Arbeitsblatt können sich die Kinder gut vergegenwärtigen, wie gigantisch die Dimensionen in der Welt der Elefanten sind. Ein Elefant ist etwa so schwer wie ein Lkw und erreicht

die Höhe eines Dreimeterbretts im Schwimmbad. Er trinkt am Tag ungefähr so viel Wasser, wie in eine Badewanne hineinpasst. Außerdem futtert er täglich etwa 150 Kilogramm Blätter, Gras, Früchte und andere Grünpflanzen.
Sie können die Bilder (s. S. 12) zunächst ausschneiden und von den Kindern in einer Kleingruppe gemeinsam zuordnen lassen. Dann kann jedes Kind noch einmal einen Ausdruck erhalten, ausschneiden, zuordnen, bunt anmalen und die Bilder in seine Elefantenmappe kleben.
Besonders eindrucksvoll ist es, wenn Sie sich mit den Kindern die entsprechenden Dinge in Natura anschauen, wie zum Beispiel einen Lkw, der vielleicht in der Nähe der Kita parkt. In eine leere Badewanne können die Kinder auch einen Liter Wasser (also die Menge, die sie selbst ungefähr an einem Tag trinken) füllen. Im Vergleich zu der vollen Badewanne, die ein Elefant trinkt, ist das unglaublich wenig!

Zu den Kopiervorlagen „Afrikanischer Elefant" und „Asiatischer Elefant", S. 14:

Die Kopiervorlagen können Sie auch zu Puzzles zerschneiden.

Tipps für eine Bücherecke

- Desmond, Jenni: Der Elefant. Aladin 2019.
- Kastenhuber, Hannah: Mein kleines Tier-Lexikon. Der Elefant. Klein und groß 2018.
- Prunier, James u. Delafosse, Claude: Meyers Kinderbibliothek. Der Elefant. Fischer Meyers 1992.
- Schulz, Arno u. Pfeiffer, Marion: Entdecke die Elefanten! Natur und Tier 2018.

Internetadressen

- https://elefanten.fandom.com/wiki/
- www.wwf-junior.de/tiere/elefanten-sind-die-groessten
- https://afrika-junior.de → Tiere → Tierparadies Savanne → Elefanten, Antilopen und andere schlaue Herdentiere

Elefantenwissen

Welche Elefanten gibt es?

Es gibt drei verschiedene Elefantenarten: den **Afrikanischen Elefanten,** den **Waldelefanten** und den **Asiatischen Elefanten.**

Afrikanische Elefanten

Verbreitung: in vielen afrikanischen Ländern südlich der Sahara (z. B. Tschad, Kenia, Tansania, Simbabwe, Sambia, Namibia, Botswana, Mosambik und Südafrika)
Lebensräume: Savannen, Steppen und trockene Wälder
Schulterhöhe: bis zu 4 Meter (♂) bzw. 3 Meter (♀)
Gewicht: bis zu 6.000 Kilogramm (♂) bzw. 3.000 Kilogramm (♀)
Stoßzähne: Männchen und Weibchen tragen große Stoßzähne.
Nahrung: Gräser, Äste, Blätter, Rinde, Wurzeln, Früchte

Vorbemerkungen

Waldelefanten

Verbreitung: West- und Zentralafrika, hauptsächlich im Kongobecken
Lebensraum: tropische Regenwälder
Schulterhöhe: bis zu 2,85 Meter (♂) bzw. 2,40 Meter (♀)
Gewicht: bis zu 2.700 Kilogramm (♂), die Elefantenkühe sind deutlich leichter
Stoßzähne: Männchen und Weibchen tragen eher gerade Stoßzähne.
Nahrung: tropische Früchte, Äste, Blätter, Rinde

Asiatische Elefanten

Verbreitung: Indien, China, Indonesien, Thailand sowie neun weitere Länder im süd-östlichen Asien
Lebensräume: Regenwälder, Laubwälder, Gras- und Buschlandschaften
Schulterhöhe: bis zu 3,40 Meter (♂) bzw. 2,40 Meter (♀)
Gewicht: bis zu 6.000 Kilogramm (♂) bzw. 4.100 Kilogramm (♀)
Stoßzähne: Die meisten Elefantenbullen tragen Stoßzähne. Bei den Weibchen fehlen diese jedoch oder sind nur sehr klein ausgeprägt.
Nahrung: Blätter, Gräser, Wurzeln, Rinde, Früchte

Wie lassen sich Afrikanische und Asiatische Elefanten voneinander unterscheiden?

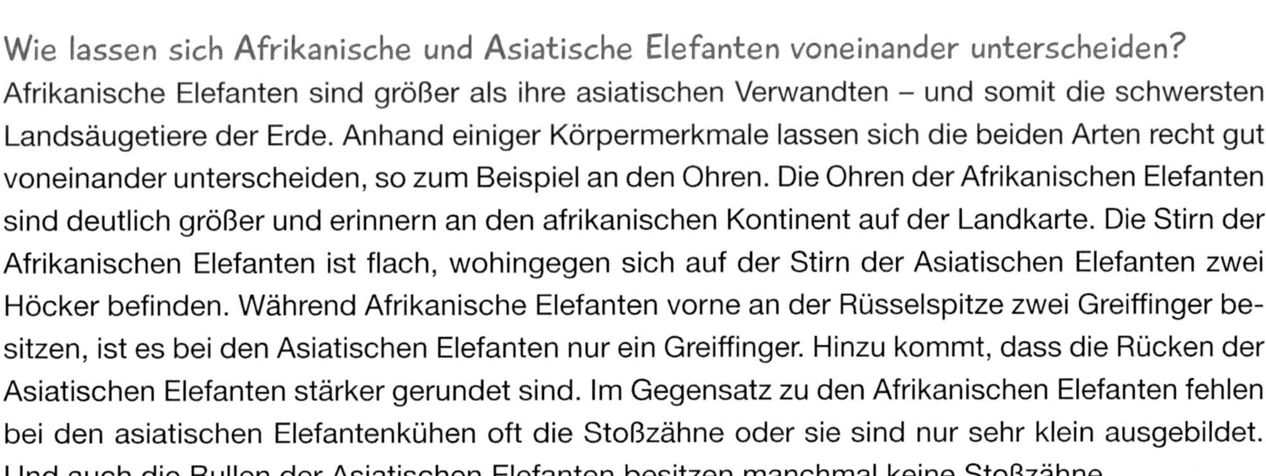

Afrikanische Elefanten sind größer als ihre asiatischen Verwandten – und somit die schwersten Landsäugetiere der Erde. Anhand einiger Körpermerkmale lassen sich die beiden Arten recht gut voneinander unterscheiden, so zum Beispiel an den Ohren. Die Ohren der Afrikanischen Elefanten sind deutlich größer und erinnern an den afrikanischen Kontinent auf der Landkarte. Die Stirn der Afrikanischen Elefanten ist flach, wohingegen sich auf der Stirn der Asiatischen Elefanten zwei Höcker befinden. Während Afrikanische Elefanten vorne an der Rüsselspitze zwei Greiffinger besitzen, ist es bei den Asiatischen Elefanten nur ein Greiffinger. Hinzu kommt, dass die Rücken der Asiatischen Elefanten stärker gerundet sind. Im Gegensatz zu den Afrikanischen Elefanten fehlen bei den asiatischen Elefantenkühen oft die Stoßzähne oder sie sind nur sehr klein ausgebildet. Und auch die Bullen der Asiatischen Elefanten besitzen manchmal keine Stoßzähne.

Lebensweise

Bei allen drei Elefantenarten leben die Kühe mit den Jungtieren (Kälbern) in Gruppen zusammen. Eine solche Gruppe besteht meist aus etwa zehn Tieren. Eine ältere, erfahrene Leitkuh ist die Anführerin. Sie weiß, wo sich gute Futter- und Wasserstellen befinden und führt die Gruppe dorthin. Elefanten wandern etwa zehn Kilometer am Tag und verbringen viel Zeit mit der Nahrungsaufnahme. Dabei setzen sie geschickt ihren Rüssel ein. Auch die Stoßzähne dienen hier als praktisches Allround-Werkzeug. Mit ihnen graben die Dickhäuter Wurzeln aus dem Boden, heben Wasserlöcher aus und schälen von den Bäumen die Rinde ab. Beim Trinken saugen Elefanten das Wasser erst in den Rüssel und lassen es dann von dort aus in den Mund fließen. Bei den oft heißen Temperaturen spritzen sich die Tiere das Wasser aber auch gerne über den Rücken und kühlen sich so mit einer kleinen „Rüsseldusche“ ab. Oft bedecken Elefanten ihren Körper auch mit einer Schlammschicht. Diese kühlt den Körper und schützt vor Sonnenbrand.

Fortpflanzung

Die Tragezeit einer Elefantenkuh dauert 20 bis 22 Monate – und somit länger als bei jedem anderen Lebewesen auf der Erde. Auch die neugeborenen Elefantenbabys sind schon ganz schön schwer: Sie bringen rund 100 Kilogramm auf die Waage. Bereits kurze Zeit nach der Geburt kommt das Kalb auf die Beine und beginnt, mit dem Mund die Milch aus dem Euter der Mutter zu saugen. Anders als bei vielen anderen Tieren sitzt das Euter vorne zwischen den beiden Vorderbeinen der Elefantenkuh. Die kleinen Elefanten werden bis zu fünf Jahre lang gesäugt. Ab einem Alter von drei Monaten probieren sie aber auch andere Nahrung.

Die männlichen Tiere bleiben etwa bis zu einem Alter von zehn Jahren in der Gruppe. Anschließend leben sie alleine oder mit einigen anderen Elefantenbullen zusammen. Mit den Kühen treffen sie nur noch zur Paarung zusammen. Im Alter von 20 bis 30 Jahren kommen die Bullen zum ersten Mal in die Brunst. Diese heißt bei Elefanten Musth (sprich: Mast). Dabei werden große Mengen Testosteron freigesetzt. Das macht die Tiere recht aggressiv und weckt ihre Angriffslust. Dahinter verbirgt sich der biologische Zweck, Konkurrenten zu vertreiben und sich mit den Weibchen zu paaren. Elefantenbullen kommen etwa einmal im Jahr in die Musth, die oft mehrere Monate lang anhält. Mit etwa 40 Jahren sind Elefanten ausgewachsen. Sie legen aber ihr Leben lang noch an Gewicht zu.

Haltung in Zoos

In freier Wildbahn können Elefanten 60 bis 70 Jahre alt werden. In Gefangenschaft ist das Leben der Dickhäuter meist viel kürzer. Die meisten Tiere sterben vor ihrem 20. Geburtstag. Die Haltung von Elefanten in Zoos ist umstritten, da eine artgemäße Lebensweise allein schon aus Platzgründen in der Regel nicht möglich ist. Hinzu kommen viele weitere Faktoren, die sich auf die Psyche und somit auf die Lebenserwartung der Tiere auswirken. So zum Beispiel die Trennung der Elefantenmütter von ihren Töchtern (die in der Natur nicht vorkommt) sowie das Dominieren der Tiere im direkten Kontakt durch Pfleger mit sogenannten „Elefantenhaken“. In letzter Zeit setzt sich immer mehr die Haltung im sogenannten „geschützten Kontakt“ durch. Dabei werden die Elefanten in einem relativ großen Areal gehalten und kommen nie in direkten Kontakt mit ihren Pflegern.

Sind Elefanten gefährlich?

Ganz klar: ja! So niedlich und sympathisch uns Elefanten auch erscheinen mögen, man darf nicht vergessen, dass Elefanten unglaublich kräftige und starke Wildtiere sind, die sich nicht vollkommen domestizieren lassen. In Afrika, Asien und auch in den Zoos kommt es immer wieder vor, dass Elefanten Menschen angreifen, auch die Pfleger im Zoo, die jahrelangen Kontakt zu den Tieren hatten und im Umgang mit ihnen vertraut sind. Solche Vorfälle enden leider oft tödlich.

Vorbemerkungen

Gefährdete Dickhäuter

In der Natur haben ausgewachsene Elefanten kaum Feinde. Nur alte, schwache oder junge Tiere fallen in Afrika gelegentlich Krokodilen, Löwen, Hyänen oder Leoparden zum Opfer. In Asien stellen auch Tiger manchmal eine Gefahr dar. Doch die Elefantengruppe ist immer wachsam und versucht, alle Mitglieder zu beschützen.

Stark gefährdet sind Elefanten allerdings leider nach wie vor durch den Menschen. Jahrhundertelang jagten die Menschen die Rüsseltiere auf Grund ihrer Stoßzähne aus Elfenbein. Heute ist der Handel mit Elfenbein weltweit verboten. Dennoch sind Elefanten vielerorts durch Wilderei und illegalen Elfenbein-Handel bedroht. Auch die Tatsache, dass durch Wilderer oft die älteren Tiere (wegen ihrer größeren Stoßzähne) getötet werden und so eine jüngere und unerfahrene Elefantenkuh die Führung der jungen Herde übernehmen muss, führt dazu, dass die Herde nicht allzu selten größeren Gefahren ausgesetzt wird.

Eine weitere große Bedrohung ist der stetige Verlust der natürlichen Lebensräume der Elefanten. Denn diese werden vielerorts immer kleiner. Auch kommt es immer wieder zu Konflikten zwischen Bauern oder Viehhirten und den Dickhäutern. Nach Schätzungen des WWF leben zurzeit etwa 395.000 bis 570.000 Elefanten in Afrika. In Asien werden die Bestände auf 44.000 bis 50.000 Tiere geschätzt. Laut der Roten Liste der gefährdeten Arten sind der Asiatische und der Afrikanische Elefant stark gefährdet, der Afrikanische Waldelefant ist sogar vom Aussterben bedroht.

Grundsätzlich ist dieses Kita-Projekt ein guter Anlass, um sich für den Artenschutz einzusetzen. Dazu können Sie auch die Eltern mit ins Boot holen. Beispielsweise können Sie Spenden sammeln, die dem Schutz der grauen Riesen zugutekommen.
Eine Anlaufadresse dafür ist zum Beispiel der WWF:
www.wwf.de/spenden-helfen/fuer-ein-projekt-spenden/elefanten-in-afrika

Kopiervorlage „Wimmelbild: Bei den Elefanten"

ab 2 Jahren

Wimmelbild: „Bei den Elefanten"

ab 2 Jahren

Material:
Kopiervorlage „Wimmelbild" (s. S. 8), ggf. Buntstifte, Kreppklebeband

Vorbereitung:
Kopieren Sie das Wimmelbild auf die gewünschte Größe (z. B. DIN A3) hoch.
Gegebenenfalls kann das Bild vorab (von Ihnen oder einigen Kindern) farbig ausgemalt werden.

Arbeitsanleitung:
Hängen Sie das Wimmelbild so auf, dass alle Kinder einen guten Blick darauf haben.
Betrachten Sie die Szene in der Savanne nun gemeinsam.

Lassen Sie die Kinder erzählen: Was gibt es hier alles zu entdecken?

Zusätzlich können Sie auch ganz gezielt Fragen stellen, wie zum Beispiel:

- Wie heißen die Tiere auf dem Bild?
- Wie sehen sie aus? Sind sie groß oder klein? Welche Farbe haben sie?
- Was machen die Elefanten?
- Welche anderen Tiere könnt ihr entdecken?
- Habt ihr schon einmal einen echten Elefanten gesehen? Wo war das?
- …

ab 2 Jahren

Kopiervorlage „Elefant für das Fingerspiel"

Fingerspiel: „Ich bin ein kleiner Elefant!" (1)

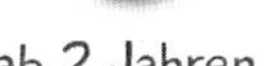

ab 2 Jahren

Material:
Kopiervorlage „Elefant für das Fingerspiel" (s. S. 9), weißes Papier, weißer Tonkarton, Kleber, Scheren, 1 Nagelschere, Buntstifte oder Wasserfarben, ggf. Pinsel

Vorbereitung:
Kopieren Sie für jedes Kind eine Elefanten-Vorlage auf weißes Papier oder weißen Tonkarton.

Arbeitsanleitung:

1. Die Kinder kleben die Elefanten auf ein Stück Tonkarton. Dann schneiden sie diese aus.
2. Das Loch für den Rüssel wird mit der Nagelschere ausgeschnitten. (Hier müssen Sie den Kindern ggfs. helfen.)
3. Lassen Sie die Kinder überlegen, welche Farbe ihr Elefant bekommen soll. Die Elefanten müssen nicht unbedingt grau angemalt werden, auch leuchtend bunte Farben oder Muster sind möglich.
4. Mit Buntstiften oder Wasserfarben gestalten die Kinder dann die Elefantenkörper.
5. Sind die Farben getrocknet? Dann können alle gemeinsam das Fingerspiel im Kreis spielen.

Spielanleitung:
Versammeln Sie die Kinder um einen Tisch. Nun können die kleinen Elefanten ihren Einsatz proben. Dazu stecken die Kinder einen Zeigefinger als „Rüssel" durch das Loch. Spielen Sie ihnen das Fingerspiel zunächst einmal vor. In der nächsten Runde können dann alle gemeinsam spielen.

Fingerspiel: „Ich bin ein kleiner Elefant!" (2)

ab 2 Jahren

Ich bin ein kleiner Elefant

Text	Bewegungen
Ich bin ein kleiner Elefant – töröòö!	den „Rüssel" nach oben heben und trompeten
Und komm aus einem fernen Land – töröòö!	den „Rüssel" nach oben heben und trompeten
Dort wächst hohes Gras und es ist immer warm.	den „Schweiß" mit der anderen Hand von der Stirn reiben
Schau her, mein Rüssel, der ist wie ein Arm.	mit der anderen Hand erst auf den „Rüssel", dann auf den Arm tippen
Mit dem Rüssel pflücke ich Blätter.	eine Faust mit der freien Hand machen und mit dem „Rüssel" daran zupfen
Mjam, wie lecker!	mit der freien Hand den Bauch reiben
In dem Fluss, da kühle ich mich gerne ab.	mit der freien Hand einen Fluss auf dem Tisch andeuten
Puh, das tut gut! Was für ein tolles Bad!	mit dem „Rüssel" das „Wasser" wild in alle Richtungen spritzen
Zebras, Löwen, Giraffen,	Streifen auf der Brust andeuten, Hände (= Tatzen) zum Kopf heben und grimmig gucken, den Hals ganz lang strecken
Nashörner, Gnus und Affen,	den freien Zeigefinger wie ein „Horn" vor die Nase legen, einen Buckel machen, mit den Armen hin und her hampeln
das sind meine Nachbarn hier – töröòö!	mit dem „Rüssel" im Kreis herum zeigen und trompeten
Aber ich bin das allergrößte Tier – töröòö!	die Arme nach oben und zu den Seiten strecken, ganz groß machen, zum Schluss den „Rüssel" nach oben heben und lange trompeten

Was passt zusammen?

ab 3 Jahren

Schneide die Bilder aus. Schaue genau: Was passt zusammen?
Klebe die Bilder nebeneinander.

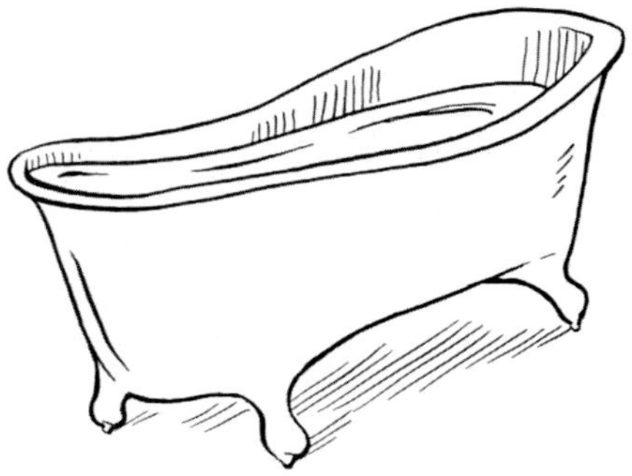

Wie sehen Elefanten aus?

ab 3 Jahren

Material:
Kopiervorlagen „Afrikanischer Elefant“ und „Asiatischer Elefant“ (s. S. 14), farbige Bildkarten aus der Heftmitte, 1 Schere, ggf. Knete

Vorbereitung:
Kopieren Sie die Vorlagen hoch und schneiden Sie die Bildkarten aus.

Spielanleitung:
Legen Sie die Kopie von einem der beiden Elefanten in die Mitte. Lassen Sie die Kinder den Elefanten genau betrachten und beschreiben. Erzählen Sie den Kindern, dass der Elefant nach der Giraffe das größte Tier ist, das an Land lebt. Ein ausgewachsener Elefant wird so hoch wie die Decke in einer Wohnung!

Impulsfragen können zum Beispiel sein:

- Welche Körperteile kennt ihr schon? (Rüssel, Beine, Ohren …)
- Was macht der Elefant damit?
- Wisst ihr auch, welche Farbe die Haut des Elefanten hat?
- Hat der Elefant einen Schwanz? Wie sieht er aus?
- Wie sehen die Füße des Elefanten aus?

Zeigen Sie den Kindern auch, wie riesig die Füße eines ausgewachsenen Tieres sind. Formen Sie dazu mit Ihren Armen einen großen Kreis und lassen Sie die Kinder dies nachahmen. Tatsächlich besitzen Elefantenfüße einen Durchmesser von 40 Zentimetern!

Anschließend können Sie die Kinder die Bildkarten betrachten lassen.

Schauen Sie sich dann auch die Kopie des zweiten Elefanten an. Lassen Sie die Kinder den Körperbau des Afrikanischen mit dem des Asiatischen Elefanten vergleichen. Gibt es Unterschiede zwischen den Tieren? Wenn ja, welche?

Tipp:
Hintergrundinfos und Hinweise, wie sich die beiden Elefantenarten voneinander unterscheiden lassen, finden Sie auf Seite 5.

Zum Abschluss können die Kinder kleine Elefanten aus Knete gestalten. Dadurch vergegenwärtigen sie die Körpermerkmale noch einmal in dreidimensionaler Form.

Kopiervorlage „Afrikanischer Elefant"

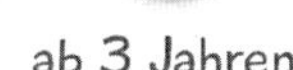

Kopiervorlage „Asiatischer Elefant"

Ratespiel: „Welcher Körperteil ist es?"

ab 3 Jahren

Material:
Kopiervorlage „Körperteile" (s. u.), 1 Schere, Buntstifte

Vorbereitung:
Die Karten werden ausgeschnitten und angemalt.

Spielanleitung:
Legen Sie die Karten verdeckt auf einen Stapel. Nacheinander ziehen die Kinder eine Karte und stellen die entsprechenden Körperteile pantomimisch dar. Können die Mitspieler den Körperteil erraten? Dann ist das nächste Kind an der Reihe.

Kopiervorlage „Körperteile"

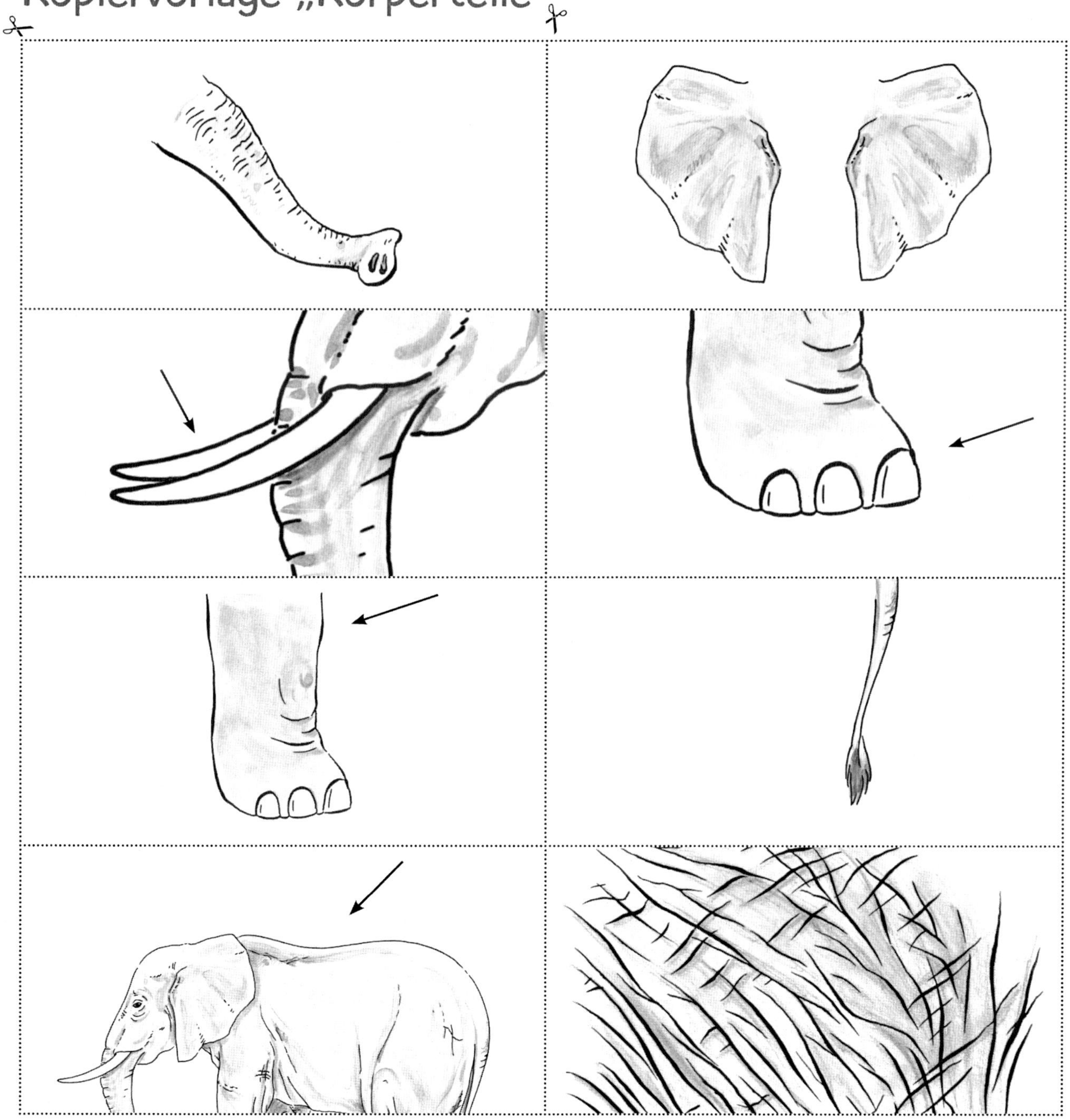

Spiele rund um den Rüssel

ab 3 Jahren

Material:
Elefanten-Bild, kleingeschnittene Obst- und Gemüsestücke (z. B. Äpfel, Möhren ...), Kordel, Wäscheklammern, kleine Stofftücher, 1 Korb, 2 Schüsseln, Wasser, Trinkhalme, 1 große Schaumstoffrolle / 1 Krabbeltunnel, Partytröten (Luftrüssel), kleine Dosen mit duftenden Materialien (z. B. abgeriebene Zitronenschale, Zimtstangen, Blütenblätter, frisches Gras ...), 1 Papprolle, 1 Karton mit kleinen Gegenständen (z. B. Spielzeugfiguren, Wolle, Kieselstein, kleiner Gummiball, Papier ...), Schere, Klebeband

Spielanleitung:
Legen Sie das Bild eines Elefanten in die Kreismitte und lassen Sie die Kinder sich dieses noch einmal ganz genau anschauen. Lenken Sie das Gespräch auf den Rüssel. Fragen Sie: Wozu braucht der Elefant den Rüssel? Sicher wissen viele Kinder, dass der Rüssel die Nase des Elefanten ist. Doch Elefanten riechen nicht nur mit dem Rüssel, sie nutzen ihn noch für viele andere Dinge!
Lassen Sie die Kinder Ideen sammeln, wozu der Elefant seinen Rüssel noch braucht (z. B. um Futter zu greifen, Blätter von den Bäumen zu pflücken, zum Trinken, um im Fluss eine „Dusche" zu nehmen, sich mit anderen Elefanten zu unterhalten und um zu trompeten, wenn Gefahr droht).
Nun schlüpfen die Kinder selbst in die Rolle von Elefanten. An einzelnen Stationen probieren sie aus, die Aufgaben mit ihrem „Rüssel" zu lösen.
Station 1 – Elefanten-Snackbar: Die Kinder formen einen Rüssel, indem sie mit einem Arm zur Nase greifen und den anderen durch das Loch hindurchstecken. Gelingt es ihnen, mit ihrem Rüssel die kleingeschnittenen Obst- und Gemüsestücke zu greifen und in den Mund zu stecken?
Station 2 – Die Blätter von den Bäumen pflücken: Hier versuchen die Kinder, mit ihrem Rüssel jeweils ein „Blatt" (= Tuch) vom „Baum" (aufgespannte Kordel) abzurupfen und in den Korb zu legen.
Station 3 – Wasserloch: Wie die Elefanten saugen die Kinder das Wasser mit ihrem „Rüssel" (= Trinkhalm) in einer Schüssel an und lassen es in die zweite, leere Schüssel fließen.
Station 4 – Baumstamm transportieren: Zu zweit versuchen die Kinder, den Baumstamm (= große Schaumstoffrolle o. Ä.) über eine bestimmte Strecke zu transportieren. Dabei sollte nur ein Arm (= Rüssel) zum Einsatz kommen. Mit der anderen Hand können sich die Kinder an die Nase fassen. Der „Rüssel" wird aber nicht durch das Loch hindurchgeführt, sondern bleibt frei beweglich.
Station 5 – Trompeten: Hier dürfen die Kinder frei ausprobieren, wie die Elefanten mit ihrem Rüssel (= Partytröten) trompeten.
Station 6 – Super-Nasen: Die Kinder schließen die Augen und riechen mit dem „Rüssel" (= Papprolle) an kleinen, mit duftenden Materialien gefüllten Döschen. Gelingt es ihnen, die Düfte zu erschnuppern?
Station 7 – Tast-Rüssel: Die Kinder stecken ihre „Rüssel" (= Hände) durch die Öffnung eines Kartons, der mit unterschiedlichen Gegenständen gefüllt ist. Wer kann möglichst viele Dinge mit dem „Rüssel" ertasten?

Natürlich können Sie die Stationen – nach Ihren Vorstellungen – beliebig variieren.

Rückseite Bildkarten (1)

Bildkarten (1)

Bildkarten (2)

Rückseite Bildkarten (2)

Töröóö! Wir trompeten wie ein Elefant

ab 4 Jahren

Material:
1 digitales Endgerät, verschiedene Gegenstände, mit denen sich gut „trompeten“ lässt, wie zum Beispiel lange und kurze Papprohre, Spielzeug-Trompeten, Partytröten (Luftrüssel)

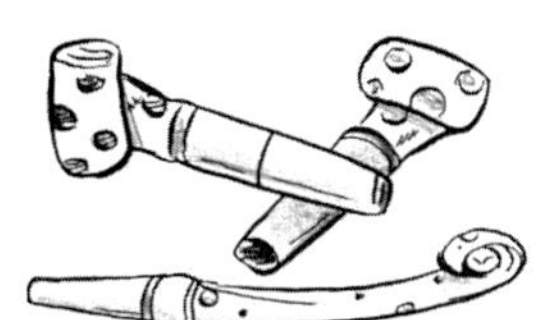

Vorbereitung:
Hören Sie sich mit einer Kleingruppe zunächst im Internet an, wie ein Elefant trompetet.
Viele Hörbeispiele finden Sie im Internet unter: *www.youtube.com*
Sie können den Kindern auch mehrere Beispiele vorspielen.

Spielanleitung:
Nun versuchen die Kinder, mit den verschiedenen Materialien zu trompeten – wie ein Elefant.
Lassen Sie am besten immer nur ein Kind in das jeweilige „Instrument“ hineinblasen.
Die anderen hören gut zu und vergleichen:

- Was klingt am lautesten? Was ist eher leise?
- Können wir mit den „Instrumenten“ laut und leise trompeten?
- Schaffen wir es vielleicht sogar, eine kleine Melodie zu spielen?
- Welches „Instrument“ klingt dem Trompeten eines echten Elefanten am ähnlichsten?
- Können wir auch ohne Hilfsmittel wie ein Elefant trompeten?

Tipp:
Dazu können die Kinder zum Beispiel ihre Hände ballen. Beide Fäuste halten sie dann wie einen „Rüssel“ vor ihren Mund und blasen in die kleine Öffnung in der Faust am Mund hinein.

Begleitend zu den letzten beiden Fragen können Sie den Kindern auch noch einmal das Hörbeispiel vorspielen.

Zum Schluss wählt jedes Kind ein „Instrument“ aus. Alle „Instrumente“ sollten mindestens in zweifacher Ausfertigung vorhanden sein.

Die Kinder verteilen sich im Raum und schauen zur Wand. Tippen Sie nun ein Kind an. Dieses „trompetet“ in sein „Instrument“ hinein. Die anderen hören genau hin: Wurde ihr Instrument gespielt? Alle, die das gleiche „Instrument“ besitzen, tröten mit ihrem „Instrument“ zurück.

Spielen Sie nun einige Runden.

Anschließend können die Instrumente kurz gereinigt und dann getauscht werden.

Geheime Botschaften

ab 3 Jahren

Material:
1 große Matte, 1 abgerundeter Holzstab

Spielanleitung:
Erzählen Sie die Kindern, dass Elefanten sich nicht nur durch das Trompeten miteinander verständigen. Sie können auch Laute von sich geben, die so tief sind, dass wir sie mit unseren Menschenohren gar nicht hören können (Infraschall). Damit können sich Elefanten auch dann verständigen, wenn sie sehr weite Strecken voneinander entfernt sind.

Wie das geht, wollen wir jetzt einmal ausprobieren. Stellt euch dazu barfuß auf die Matte. Schließt eure Augen. Bleibt ganz ruhig stehen. Bewegt euch so wenig wie möglich. Stellt euch vor, ihr seid Elefanten. Ich bin auch ein Elefant und schicke euch eine Botschaft. Könnt ihr sie spüren?

Versuchen Sie nun, verschiedene Erschütterungen auf der Matte zu erzeugen. Zum Beispiel indem sie erst mit dem Holzstab die Matte leicht zum Schwingen bringen (dazu den Stab unter die Matte schieben), dann mit der Hand fest auf die Matte patschen und sich schließlich selbst daraufstellen und mit den Füßen ganz behutsam stampfen. Fragen Sie die Kinder anschließend: Wie hat sich das angefühlt? Was habt ihr gespürt? Hat das gekitzelt? Oder war es angenehm?

Erklären Sie den Kindern, dass die Elefanten ganz empfindliche Füße besitzen. Sie können damit supergut spüren, wenn sich der Boden bewegt. So bemerken sie, wenn sich ihnen aus der Ferne andere große Tiere oder auch Autos mit Menschen nähern.

Aber die Elefanten nutzen diese Fähigkeit auch, um sich miteinander zu unterhalten.
Das funktioniert so: Ein Elefant drückt seinen Rüssel auf den Boden und bringt die Erde leicht zum Schwingen. Der Druck ist so stark, dass andere Elefanten in bis zu zehn Kilometer Entfernung die Bewegungen des Bodens spüren. Je nachdem, wie sich der Boden bewegt, wissen sie, was der Elefant aus der Ferne ihnen sagen möchte! In einer zweiten Runde können Sie mit den Kinder bestimmte Signale vereinbaren, wie zum Beispiel:

- Kleine Erschütterungen mit dem Holzstab auf der Matte erzeugen: Hier gibt es leckere Nahrung.
- Mit der Hand auf die Matte patschen: Vorsicht, ein Löwe kommt!
- Mit den Füßen auf der Matte trampeln: Hier ist ein anderer Elefant, der sich gerne mit euch treffen möchte.

Die Kinder schließen wiederum die Augen und spüren, ob sie die Signale richtig deuten können. Wer glaubt, die Nachricht entschlüsselt zu haben, hebt die Hand. Anschließend öffnen alle wieder ihre Augen und äußern ihre Vermutungen. Machen Sie mehrere Durchgänge. Vielleicht haben die Kinder auch noch ganz andere Ideen, was sich die Elefanten sagen möchten, und wie sie die Matte zum Schwingen bringen können!

Rezept aus Kenia: „Elefantenfuß-Brot"

ab 2 Jahren

Zutaten:

500 g Kartoffeln (mehligkochend), Wasser, 1 kg Mehl, 25 g Trockenhefe, Salz

Arbeitsmittel:

1 großer Topf, 1 Messer, Gabeln, 1 große Schüssel, Teelöffel, 1 Messbecher, 1 Wasserkocher, 1 Backblech, 1 Backofen, 1 feuerfeste Form

Zubereitung:

1. Zuerst werden die Kartoffeln mit der Schale im Topf gar gekocht.
2. Anschließend müssen die Kartoffeln etwas abkühlen und werden gepellt. Dann können die Kinder sie mit den Gabeln in einer großen Schüssel zerdrücken.
3. Zu dem Kartoffelstampf werden das Mehl, die Hefe und drei Teelöffel Salz hinzugegeben. Alles wird gut miteinander vermischt. Mit den Löffeln drücken die Kinder dann eine kleine Mulde in die Mitte.
4. Mit dem Messbecher wird ein halber Liter Wasser abgefüllt und im Wasserkocher leicht erwärmt. **Vorsicht:** Das Wasser darf wirklich nur lauwarm und keinesfalls zu heiß sein!
5. Das warme Wasser wird in die Mulde gegossen. Vom Rand her verkneten die Kinder nun den Teig mit dem Wasser. Damit die Hefe „arbeitet", dürfen sie auf den Teig kräftig schlagen.
6. Aus dem Teig wird eine Kugel geformt. Diese wird in eine Schüssel gelegt, mit einem Geschirrtuch abgedeckt und für eine Stunde an einen warmen Ort gestellt.
7. Wenn der Teig gut aufgegangen ist, wird ein Backblech mit Mehl bestäubt. Die kleinen Bäcker kneten den Teig noch einmal gut durch. Schließlich formen sie ihn zu einem runden Brotlaib und drücken diesen flach. Auf dem Backblech wird der Teig nochmals mit dem Geschirrtuch abgedeckt und nun noch einmal etwa eine halbe Stunde lang gehen gelassen.
8. Im vorgeheizten Backofen wird das Brot dann bei 200 °C (Ober-/Unterhitze) etwa 60 bis 75 Minuten auf der zweituntersten Schiene gebacken.

Tipp:

Stellen Sie dabei etwa 250 ml Wasser in einer feuerfesten Form unten in den Backofen hinein. Das Wasser verdunstet und verleiht dem Brot eine knusprige Kruste.

Das fertige Brot sieht aus wie ein Elefanten-Fuß! Sobald es etwas abgekühlt ist, kann es von den kleinen Schleckermäulern rasch verzehrt werden!

Hinweis:

Bitte achten Sie bei der Auswahl der Lebensmittel darauf, dass alle Kinder diese essen dürfen und keine Lebensmittelunverträglichkeiten o. Ä. bestehen.

Wo sind die Elefanten zu Hause?

ab 5 Jahren

Material:
1 Globus oder 1 Landkarte, Klebepunkte oder kleine Elefanten-Aufkleber

Arbeitsanleitung:
Fragen Sie die Kinder, ob sie schon einmal einem echten Elefanten begegnet sind. Bestimmt hat das ein oder andere Kind bereits einen Elefanten im Zoo gesehen. Doch stampfen die riesigen Tiere auch bei uns durch die freie Natur?

Erzählen Sie den Kindern, dass Elefanten nur in von uns weit entfernten Regionen leben, nämlich in Afrika und Asien.

Schauen Sie sich dann gemeinsam mit den Kindern auf dem Globus oder auf der Landkarte an, wo die Heimat der Elefanten liegt. Suchen Sie erst Europa und lassen Sie ein Kind Deutschland mit einem Klebepunkt markieren. Zeigen Sie den Kindern dann, wo sich der riesige Kontinent Afrika befindet. Hier kommen Elefanten südlich der Sahara-Wüste (Kongobecken in Westafrika, Ost- und Südafrika) vor. Lassen Sie die Kinder die Gebiete mit Klebepunkten oder kleinen Elefanten-Aufklebern markieren.

Außerdem leben Elefanten auch noch in Asien. Drehen Sie den Globus weiter nach links oder zeigen Sie den Kindern Indien, Thailand, Myanmar und Indonesien auf der Landkarte. Auch diese Länder werden mit Klebepunkten bzw. Elefanten-Aufklebern markiert.

Schauen Sie dann noch einmal nach, wo Deutschland liegt. Das ist viele, viele tausend Kilometer von der Heimat der Elefanten entfernt!

Vielleicht gibt es in der Gruppe Kinder, die selbst oder deren Eltern aus Ländern kommen, in denen es Elefanten gibt. Lassen Sie sie erzählen, ob sie schon einmal einen Elefanten gesehen haben.

Tipp:
Begleitend zu dem Elefanten-Projekt können Sie gut ein Projekt zu einem afrikanischen oder asiatischen Land durchführen, in dem Elefanten leben, wie zum Beispiel Südafrika oder Indien. Viele schöne Impulse für ein Afrika-Projekt (darunter z. B. auch afrikanische Kinderlieder) erhalten Sie zum Beispiel unter: *https://afrika-junior.de*

Tiere in Afrika

ab 3 Jahren

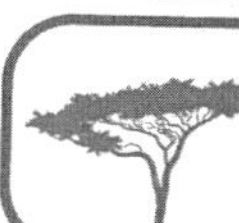

Material:
Bildkarten aus der Heftmitte, Kopiervorlage „Tiere in Afrika“ (s. S. 26), Buntstifte, 1 Schere, Klebeband, (afrikanische) Musik

Vorbereitung:
Die Karten „Tiere in Afrika“ werden ausgeschnitten und bunt angemalt. Für jedes Kind sollte eine Spielkarte vorhanden sein. Je nachdem, welche Tiere mitspielen sollen, können Sie auch einige Karten aussortieren. Legen Sie die Karten verdeckt auf einen Stapel.

Spielanleitung:
Starten Sie das Spiel mit einer kleinen Einführung. Erzählen Sie den Kindern, dass in Afrika viele Elefanten in der Savanne leben. Das ist eine Graslandschaft. Hier gibt es nur wenige Bäume. Zeigen Sie dazu die passende Bildkarte aus der Mitte des Heftes. Doch nicht nur Elefanten sind in der Savanne zu Hause. Dort leben auch viele andere Tiere. Haben die Kinder vielleicht eine Idee, welche das sein könnten (z. B.: Löwen, Zebras, Giraffen, Krokodile, Nilpferde, Nashörner, Hyänen, Affen …)? Zu den genannten Tieren können Sie dann jeweils die passenden Tierkarten „Tiere in Afrika“ aufdecken.

Fragen Sie die Kinder nun: „Was glaubt ihr, welche Tiere könnten für kleine Elefanten gefährlich sein?“ (Lösung: Löwe, Krokodil, Hyäne)

Nun sucht sich jedes Kind eine Tierkarte aus oder zieht eine vom Stapel. Im Kreis stellt es dieses Tier kurz vor und unterstützt dies mit seiner Mimik und Gestik.
Zum Beispiel: „Ich bin der Löwe. Ich bin gefährlich und brülle ganz laut. Wuahhh!“

Befestigen Sie die Tierkarten mit Klebeband an der Brust der Kinder.

Stellen Sie dann die Musik an. Die Kinder bewegen sich – passend zu ihrem Tier – im Raum. Stoppt die Musik, bleiben alle versteinert stehen. Nur die Elefanten dürfen sich weiter bewegen. Rufen Sie nun einen Tiernamen in den Raum. Das genannte Tier darf sich wieder bewegen und begrüßt die Elefanten – auf für seine Tierart typische Weise (z. B. auf allen vieren, hüpfend, kriechend …). Anschließend spielt die Musik weiter. **Doch Achtung:** Sobald der Löwe, die Hyäne oder das Krokodil aufgerufen werden, schwebt das Elefantenbaby in Gefahr! Denn diese Tiere versuchen, es zu fangen. Doch die erwachsenen Elefanten können es retten: Sie fassen sich an den Händen und nehmen den kleinen Elefanten in ihre Mitte.

Tipp:
Lassen Sie die Kinder nach einigen Runden die Karten tauschen, damit sie in die Rollen von unterschiedlichen Tieren schlüpfen können.

Kopiervorlage „Tiere in Afrika"

ab 3 Jahren

Die Heimat der Elefanten

Fantasiereise: „Auf Safari" (1)

ab 3 Jahren

Material pro Kind:
1 Matte, 1 Decke, 1 kleines Kissen, ggf. Papier und Buntstifte

Spielanleitung:
Verteilen Sie die Matten mit etwas Abstand im Raum. Jedes Kind nimmt sich eine Decke und ein kleines Kissen und macht es sich auf einer Matte gemütlich. Lesen Sie dann die Geschichte mit ruhiger Stimme vor. Legen Sie beim Erzählen immer wieder Pausen ein, damit die Kinder sich in ihrer Fantasie die Szenen gut vorstellen können.

Geschichte:

Schließt eure Augen. Wir reisen nun an einen weit entfernten Ort – nach Afrika. Dazu müssen wir viele tausend Kilometer weit fliegen. Streckt eure Arme aus und segelt durch die Luft wie ein Flugzeug.

Endlich, nach vielen Stunden sind wir da. Wir steigen aus dem Flugzeug aus. Puh, hier ist es aber heiß! Da wartet schon ein Auto auf uns. Oben hat es kein Dach – es ist ein Jeep. Wir steigen ein. Das Auto braust los. Auf und ab geht es über eine ruckelige Piste. Dabei werden wir ganz schön durchgeschüttelt! Hui, die Sonne brennt hier wirklich heiß vom blauen Himmel! Die Räder wirbeln roten Staub auf. Wir fahren über einen schmalen, holprigen Weg. Immer weiter und weiter, immer tiefer in den Nationalpark hinein. Rechts und links wächst hohes Gras. Ein paar Bäume spenden Schatten. Haltet gut Ausschau: Vielleicht können wir hier irgendwo Tiere entdecken?

Schaut mal zur Seite. Seht ihr die Zebras? Sie lassen sich das Gras schmecken und wedeln mit dem Schweif, um die Mücken zu verscheuchen. Ihr weißes Fell mit den schwarzen Streifen flimmert in der heißen Luft. Wir schauen den Zebras nach, während wir weiterfahren. Sie werden immer kleiner und kleiner.

Plötzlich quietschen die Reifen. Der Jeep stoppt. Schaut mal, direkt vor unserem Auto hüpft eine Antilope über den Weg! Und noch eine, und noch eine! Fröhlich springen die Antilopen davon.

Doch Moment mal – was ist denn das? Spürt ihr, wie sich der Boden bewegt? Ist das ein Erdbeben? Nein, es sind Elefanten! Eine ganze Gruppe wandert durch das hohe Gras. Die Elefanten sind riesengroß. Seht ihr die langen weißen Stoßzähne? Und die großen Ohren? Sie sehen aus wie zwei große graue Segel vor dem strahlend blauen Himmel.

Mit ihren langen Rüsseln rupfen die Elefanten das Gras aus. Die Grasbüschel schieben sie dann geschickt in den Mund. Dort drüben steht ein Elefant an einem Baum. Mit seinen langen Stoßzähnen pult er die Rinde ab, um sie dann ebenfalls genüsslich zu verspeisen. Ein anderer Elefant reibt seinen Rücken an einem Baum. Ihn juckt es wohl.

Fantasiereise: „Auf Safari" (2)

ab 4 Jahren

Und schaut mal, dort sind zwei kleine Babyelefanten. Sind die nicht süß? Einer von ihnen hält sich am Schwanz der Mutter fest. Der andere kleine Elefant hält seinen Rüssel hoch. Er versucht zu trompeten. Türüüü! Türüüü! So ganz klappt das noch nicht. Er muss noch ein bisschen üben.

Wir schauen den Elefanten noch eine Weile zu, wie sie durch das hohe Gras wandern. Dann reisen wir langsam wieder zurück nach Hause. Streckt eure Arme aus und segelt wie ein Flugzeug durch die Luft. Öffnet nun wieder eure Augen.

Erweiterung:
Im Anschluss können die Kinder Bilder zu der Fantasiereise malen. Diese können sie entweder ganz individuell nach ihren eigenen Vorstellungen gestalten oder dazu die Anleitung und die Kopiervorlagen des nachfolgenden Angebots „Elefanten in der Savanne" (s. S. 28) nutzen.

ab 3 Jahren

Elefanten in der Savanne

Material:
weiße Blätter in DIN A3, Wasserfarben, Pinsel, wasserdichte Unterlage, Malkittel, Scheren, Kopiervorlage „Elefanten in der Savanne" (s. S. 29), schwarzes Tonpapier, helle Stifte, Scheren, Kleber

Vorbereitung:
Bereiten Sie den Basteltisch zum Malen vor. Sie können auch vorab selbst ein Bild der Elefanten in der Savanne gestalten, damit die Kinder ein Ergebnis vor Augen haben, an dem sie sich ein wenig orientieren können.

Arbeitsanleitung:
Zuerst gestalten die Kinder den Hintergrund der Bilder. Dazu legen sie die weißen Blätter quer vor sich und malen zunächst mit schwarzer Wasserfarbe den Boden. Dieser kann eben sein oder es können Grashalme hervorragen. Anschließend waschen die Kinder die Pinsel gründlich aus und gestalten den Himmel in Gelb- und Rottönen. Wer mag, kann auch noch eine große Sonne in das Bild hineinmalen.

Dann werden die Bilder erst einmal zum Trocknen beiseitegelegt. Mit Hilfe der Schablonen zeichnen die Kinder nun die Umrisse der Elefanten und der Schirmakazie (die Akazie nach Wunsch auch mehrfach) auf schwarzes Tonpapier. Anschließend schneiden sie alles aus.

Sind die Bilder getrocknet, arrangieren die Kinder die Elefanten und den Baum / die Bäume erst einmal probehalber auf dem Bild. Wenn ihnen das Ergebnis gefällt, kleben sie alles auf.

Wenn Sie die Bilder im Gruppenraum nebeneinanderhängen, entsteht eine eindrucksvolle Savannenlandschaft!

Kopiervorlage „Elefanten in der Savanne"

ab 3 Jahren

Kreisspiel: Familie Elefant

ab 4 Jahren

Material:
Bildkarten (s. Heftmitte), 1 Schere, kurze Bänder in verschiedenen Farben

Vorbereitung:
Schneiden Sie die Bildkarten von den Afrikanischen Elefanten aus der Heftmitte aus.

Spielmöglichkeit:
Versammeln Sie die Kinder im Kreis. Erzählen Sie ihnen, dass Elefanten in Gruppen zusammen leben. Meistens bilden etwa zehn Tiere eine Gruppe. Dabei handelt es sich nur um die Elefantenmütter mit ihren Kindern. Die Elefantenväter leben nicht mit den Müttern und Jungtieren zusammen.

Die weiblichen Elefanten heißen Kühe, die Elefantenjungen Kälber und die männlichen Elefanten heißen Bullen.

Legen Sie die Bildkarten von den Afrikanischen Elefanten in die Kreismitte. Auf welchen Karten sehen wir die Elefantenkühe? Wo sind die kleinen Elefantenkälber? Was machen Sie? Und wo ist der Bulle? Wie unterscheiden sich die Elefanten voneinander?

Anschließend finden sich die Kinder zu Paaren zusammen. Jedem Paar wird ein kurzes Band in der gleichen Farbe um den Arm gebunden. So können alle erkennen, welche Elefanten zusammengehören.

Nun stellen sich die Kinder in einen Kreis und fassen sich an den Händen. Ein Kind stellt sich in die Mitte. Es spielt den Babyelefanten. Die Kinder im Kreis laufen in eine Richtung und singen zur Melodie von „Bruder Jakob“:

„Elefant, Elefant, schau uns an! Schau uns an!
Wo ist deine Mutter, wo ist deine Mutter?
Stampf, stampf, stampf!
Stampf, stampf, stampf.“

Das Elefantenkalb zeigt mit dem Rüssel (= Arm) auf den entsprechenden Elefanten im Kreis und „trompetet“ laut. Dann reiht es sich in den Kreis hinter seiner „Mutter“ ein. Nun darf das Elefantenkind, das sich hinter ihm im Kreis befindet, in die Mitte gehen und nach seiner Mutter Ausschau halten.

Spielen Sie einige Runden, sodass alle Kinder einmal in der Mitte sein können.

Wie viele Elefanten sind es?

Wie viele Elefanten siehst du? Zähle.

Verbinde mit der richtigen Zahl.

7

4

5

1

6

Ausmalbild: „Elefantenmutter und -kind"

ab 3 Jahren

Male richtig aus.

○ = grau □ = braun ◇ = grün
△ = blau ☆ = gelb

Spiellied: „Elefanten auf dem Spinnennetz“

ab 3 Jahren

Material:

1 dicke Kordel, Seile oder Kreide, 1 Schere, 1 Smartphone

Vorbereitung:

Vorab bastelt jedes Kind seinen „Elefantenschwanz“. Dazu wird ein langes Stück Kordel einmal um die Hüfte geschwungen und verknotet. Etwa 20 cm sollten noch „überstehen“ bzw. herunterhängen: Das wird der Schwanz. An das Ende machen die Kindern einen dicken Knoten. Dann drehen sie den Schwanz nach hinten.

Spielanleitung:

Legen Sie die Seile mit den Kindern gemeinsam zu einem großen Spinnennetz zusammen. Alternativ können Sie im Außengelände ein großes Spinnennetz mit Kreide auf den Boden zeichnen.

Nun versammeln sich alle kleinen Elefanten (= Kinder) um das Netz. Spielen Sie das Lied „Der Elefant“ von Fredrik Vahle ab (oder „Ein Elefant ging ohne Hetz“).

Sind alle Kinder mit dem Text vertraut, geht’s los. Ein Elefant beginnt, passend zur Musik über das Netz zu balancieren. Ältere Kinder können dabei gut einen Elefantenrüssel formen. Dazu fassen sie sich mit einer Hand an die Nase und stecken den anderen Arm durch die Armschlinge hindurch.

Die anderen Kinder singen das Lied. Bei der zweiten Strophe reiht sich der nächste Elefant in die Kette ein. Dabei fasst er den ersten Elefanten am Schwanz. Gemeinsam wandern die beiden nun über das Spinnennetz.

So wird bei jeder Strophe die Reihe der Elefanten länger, bis zum Schluss alle Elefanten über das Netz balancieren.

Elefanten-Fütterung

ab 3 Jahren

Zutaten:
Kopiervorlagen „Elefantenfutter“ (s. S. 35), Gemüse und Obst, das Elefanten fressen (Möhren, Äpfel, Birnen, Bananen, Rosinen, Wassermelonen, kleine Äste, einige Blätter, etwas Heu oder Gras, Rinde), sowie weitere Lebensmittel, die Elefanten nicht fressen sollen (Würstchen, (vegane) Gummibärchen …)

Arbeitsmittel:
Messer, Brettchen, Teller, kleine Schüsseln, Augenbinde, 1 Schere

Vorbereitung:
Schneiden Sie das Obst und Gemüse in kleine, mundgerechte Stücke. Legen Sie diese auf unterschiedliche Teller. Die anderen Dinge bzw. Lebensmittel werden ebenfalls auf dem Tisch verteilt (ggf. auf Tellern oder in kleinen Schüsseln).
Kopieren Sie die Kopiervorlage „Elefantenfutter“ und schneiden Sie die beiden Karten aus.

Spielmöglichkeit:
Versammeln Sie die Kinder im Kreis. Schauen Sie sich zuerst gemeinsam die erste Karte an. Wissen die Kinder, wie die einzelnen Dinge heißen, die der Elefant frisst?
Betrachten Sie anschließend die zweite Karte. Welche Dinge frisst ein Elefant nicht? Wie heißen diese? Lassen Sie die Kinder nun die beiden Bilder miteinander vergleichen: Welche Art von Futter frisst ein Elefant? (z. B.: „Elefanten fressen Pflanzen.“ oder „Elefanten fressen keine Süßigkeiten.“)

Legen Sie die beiden Karten dann an die entgegengesetzten Enden des Tisches. Können die Kinder ihnen die Lebensmittel richtig zusortieren? Schauen Sie sich im Anschluss alles gemeinsam an. Stehen alle Dinge an der richtigen Stelle? Oder muss noch etwas getauscht werden?

Wer mag, kann nun in die Rolle der Elefanten schlüpfen. Diesen Kindern werden die Augen verbunden. Die anderen Kinder sind die Elefantenpfleger. Ihre Aufgabe ist es, die Elefanten zu füttern. Nacheinander suchen sie sich ein „Futterstück“ vom Tisch aus und reichen es den Elefanten. Die Elefanten befühlen es erst mit ihrer Rüsselspitze (= Hand). Ist es (für Menschen) essbar, dürfen sie es anschließend auf Kommando ihrer Pfleger hin probieren und in den Mund stecken. Ist es nicht für Menschen essbar (z. B. Heu, Gras, Rinde …), dürfen sie nur fühlen. Wer meint, dass es sich um Elefantenfutter handelt, hebt anschließend den Rüssel (= Arm) und gibt ein leises Trompeten von sich.

Lösen Sie auf, welche Dinge verfüttert wurden und ob die Kinder mit ihrem Tipp richtig lagen. Machen Sie mehrere Durchgänge, bis alle Kinder einmal unterschiedliches Elefantenfutter gekostet haben.

Hinweis:
Bitte achten Sie bei der Auswahl der Lebensmittel darauf, dass alle Kinder diese essen dürfen und keine Lebensmittelunverträglichkeiten o. Ä. bestehen.

Kopiervorlagen „Elefantenfutter"

ab 4 Jahren

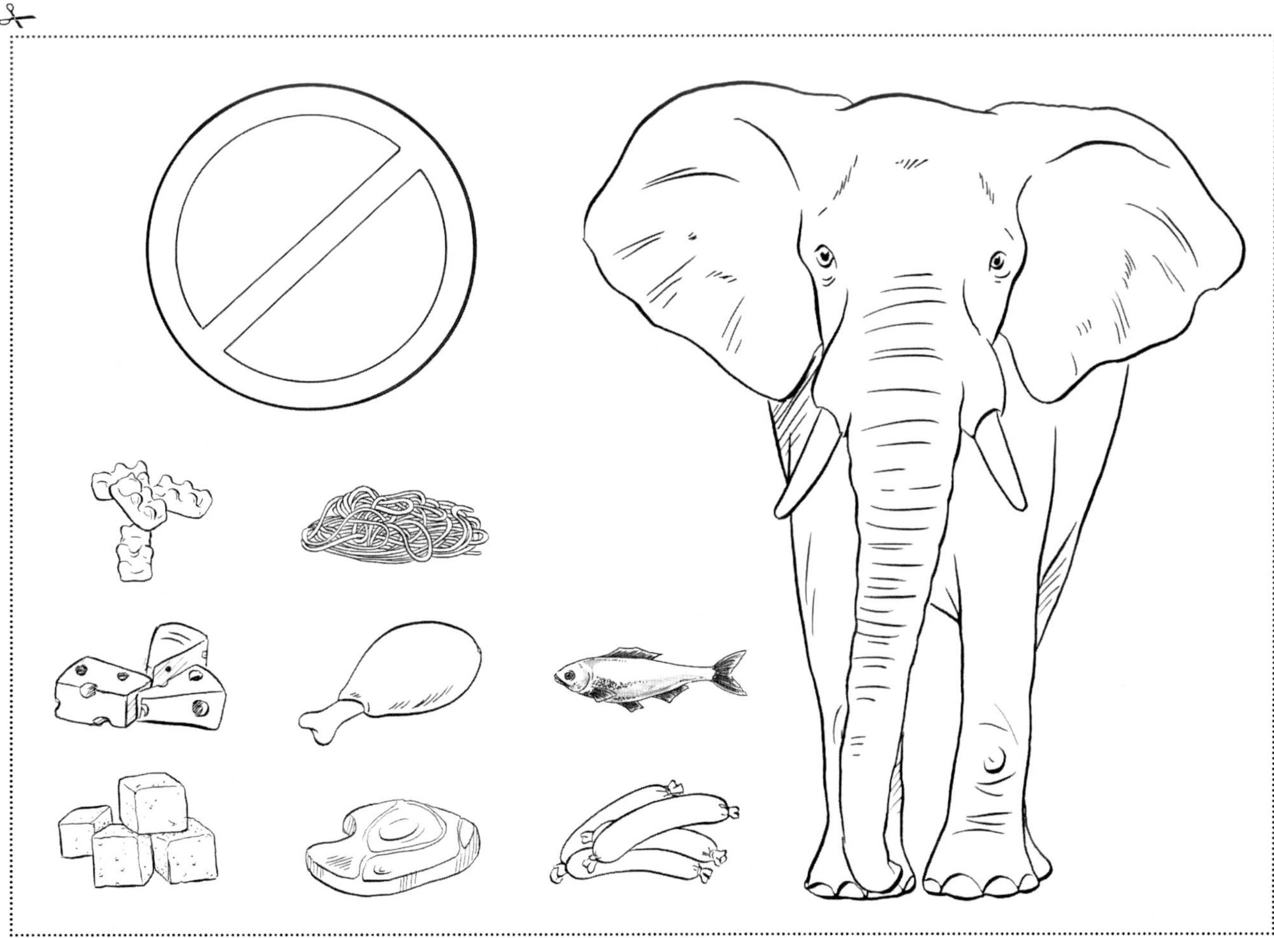

Was frisst der Elefant?

ab 4 Jahren

Die beiden Elefanten haben Hunger. Kannst du sie füttern?

Schneide die richtigen Bilder aus. Klebe sie auf.

Die Nahrung der Elefanten